原地太極拳系列　④

原地太極拳 12 式

胡　啟　賢／創編

大展出版社有限公司

作者簡介

　　胡啟賢現年 70 歲，原籍安徽省固鎮縣，供職於固鎮縣民政局，1991 年退休。

　　曾先後患心臟病、高血壓、胃潰瘍、類風濕關節炎等多種疾病，於「病入膏肓」求醫無望之際，抱一線希望習練太極拳，竟於不知不覺中諸病皆癒，且白髮變黑。

　　此後連續十幾年自費到北京拜門惠豐為師，潛心研習太極拳。

　　因每遇天氣惡劣無場地練功時，便坐臥不安，漸萌發奇思，歷時六年，經千萬次試練，終於創編了不受場地限制的「原地太極拳」。在中央電視台播出後

，立即引起各界關注和喜愛。

序

　　胡啟賢先生，原安徽省固鎮縣幹部，50 年代因工作積勞過度，身患十餘種疾病，多方投醫，臨床用藥，療效不佳，身體極度衰竭，生命危在旦夕。無奈之際，在家人攙扶之下，參加了縣舉辦的「四十八式太極拳」學習班，磨練太極拳功法，漸見功效，能進食，渾身有勁，由長臥而起，行走便利，能生活自理；多年堅持鍛鍊，病症皆消，身體得到康復。太極拳在他身上顯現了神奇功效，是太極拳給了他第二次生命。

　　他千里迢迢，來京投師，向我深求太極拳功理功法，技藝大進。

　　年過七旬，身體魁梧健壯。他為實現「個人得福，眾人受益」的宗旨，走向社會義務教拳，從學者千餘人次。很多病患者，堅持跟他練拳，身體得到康復。為普及群眾性太極拳活動，他精心創編了「原地太極拳」系列拳法，並整理出版，可喜可賀，望讀者喜練太極拳，終身受益。

北京體育大學教授 門惠豐

一九九九年元月

目　錄

●作者簡介 ……………………………………… 3

●序 ……………………………………………… 5

●原地太極拳 12 式簡介 ………………………… 7

●原地太極拳 12 式運動方位
　拳式分布示意圖（面向東起勢） ………… 9

●原地太極拳 12 式動作名稱 ………………… 10

●動作說明與習練須知 ………………………… 12

●原地太極拳 12 式分解動作說明 ………… 16

●原地太極拳 12 式全套動作演示 ……… 104

●後記 ………………………………………… 110

原地太極拳 12 式簡介

　　《原地太極拳 12 式》係作者繼創編發表《原地綜合太極拳 24 式》、《原地活步太極拳 42 式》和《原地簡化太級拳 24 式》三個套路之後，又創編成的一套式子少、動作簡單、演練一遍只需 3～4 分鐘、且易學易練的原地太極拳套路。

　　這套原地太極拳 12 式，是按照「拳打八方」和「拳打臥牛之地」的想法設計編排的。12 個式子在原地以東、西、南、北、中（中打四隅角）八個方位的順序排列。為使全身鍛鍊平衡，每個方位的動作姿勢都作了左右對稱編排。

　　全套按方位順序循環運動兩周半，每轉一周為一段，最後半周為第三段。第一段側重練上肢，第二段側重練下肢和獨立平衡，第三段是全身均衡運動。

　　另外，本套路是以傳統太極拳的「中正圓轉、劃弧螺旋、動靜並合」和「分虛實、調呼吸、

平陰陽」等功理功法編成的，所以它能較好地體現傳統太極拳的輕鬆柔和、圓活自然、剛柔相濟、連綿不斷的運動特點和心靜體鬆、意領身隨的基本要求。

　　這個套路的 12 個拳式多數雖屬繼承，但動作有較大的變化，而練法也與傳統套路的練法有所不同。再則，這套拳是運用左旋右轉的身法，陰陽變換的手法，上步、跟步、退步、撤步、碾腳等靈活的步法在原地演練的。加上有新創的「霸王揚鞭」「仙人揮靴」等造型比較新穎的拳式，能使演練者產生不同尋常的意趣，激發健身鍛鍊的積極性。

　　本套路因短小精悍，演練基本不受場地、時間的限制，在現代快節奏的生活中，容易堅持鍛鍊。所以 1997 年中央電視台第五套「電視教練」節目播出這套拳的錄影帶後，即引起了廣大太極拳愛好者的喜愛和關注。

原地太極拳 12 式運動方位

拳式分布示意圖

（面向東起勢）

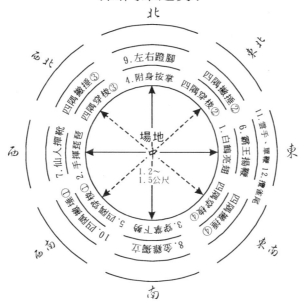

　　一、場地中心是起、收勢位置。場地外的三道圈是這套拳 1、2、3 段拳式的劃分。

　　二、除了第三段的「單鞭」「攬雀尾」右式定式面向南，左式定式面向北，其他哪個方位的拳式定式就面向哪個方位的方向。詳見「動作名稱」後的定式面向。

　　三、1〜2 段四正方的拳式運動路線：由東轉向西，再轉向南，再轉向北；四隅角的路線是由北先轉向西南，再轉向東北，再轉向西北，再轉向東南；第三段的拳式在原地轉身倒步。

　　四、動作熟練後，起勢面向任選。

原地太極拳 12 式動作名稱

第一段

起勢　　　　　面向東

1. 白鶴亮翅　　②　定式面向東
2. 手揮琵琶　　②　定式面向西
3. 穿掌下勢　　②　定式面向南
4. 俯身按掌　　②　定式面向北
5. 四隅穿梭　　④　定式面向西南、東北、西北
　　　　　　　　　　、東南

第二段

6. 霸王揚鞭　　②　定式面向東
7. 仙人撣靴　　②　定式面向西
8. 金雞獨立　　②　定式面向南
9. 左右蹬腳　　②　定式面向北
10. 四隅撇捶　　④　定式面向西南、東北、西北
　　　　　　　　　　、東南

第三段

11. 雲手②單鞭②雲手定式面向東；右單鞭面向
    南，左單鞭面向北
12. 攬雀尾②右式面向南、左式面向北
    收勢　　　　面向東

註：動作熟練後，起勢面向任選。
　　「②」表示此式做 2 次。
　　「④」表示此式做 4 次。

動作說明與習練須知

(1)、文字說明中，凡有「同時」兩字的，不論先寫或後寫身體某部分動作，全身各運動部位都要協調運動，不要分先後去做。

(2)、運動的方向是以身體的前、後、左、右為依據的，不論怎麼轉變，總是以面對的方向為前，背對的方向為後，身體左側為左，右側為右。

(3)、預備式中要求的懸頂豎項、沈肩垂肘（屈肘）、含胸拔背、斂臀收胯、上體中正、全身放鬆、精神集中、呼吸自然等要貫串這套拳的全過程。

(4)、整套拳除了「起、收勢」身體可以直立和個別拳式身體可以有明顯升降外，其餘都要屈膝坐身運動。運動中身體高度應保持大體一致，不要忽高忽低，起伏不定；屈膝度數可在大腿與地面約成 45 度～60 度斜角之間，因人而異；前弓腿的膝蓋應與腳尖垂直。步法要靈活，虛實分明，兩腳的虛實變換只能漸變不能突變。上步要腳跟先著地，退步或撤步要前腳掌先著地，然後慢慢踏實。上步、退步、跟步、撤步時要保持身體重心平穩。

(5)、要運用碾腳步法（即以腳跟為軸，腳尖外撇

或內扣；以前腳掌為軸，腳跟向外碾轉或向內碾轉）
，來調整拳式要求的方位、角度。凡是需活步的拳式
或動作（如「四隅穿梭」的腳步動作等），兩腳的上
步與跟步、退步與撤步要相隨，不能「死步」。動作
熟練後，各個姿勢動作要前後銜接，前一個動作完成
就是下一個動作的開始；做完一個拳式動作微微一沈
，似停非停（不要斷勁）就接做下一個拳式的動作。
一些「丁步」「抱球」動作不要停頓（丁步的腳尖可
不落地），以使整套拳動作既連貫又有節奏。

　　(6)、要「意領身行」，以腰為軸，帶動四肢弧形
螺旋運轉，不要聳肩、揚肘和直臂。四肢的劃弧旋轉
，尤其是兩手旋轉（拇指尖向外旋，稱外旋，反之稱
內旋）中的陰陽變換（手心向上為陽掌，向下為陰掌
）要助腰轉動，以使身體中正圓轉，周身動作協調一
致。

　　(7)、習練者要逐步達到太極拳運動的要求：即動
作輕鬆柔和，圓活自然，剛柔相濟，連綿不斷，緩慢
均勻和意、氣、力（精、氣、神）內外合一。

　　(8)、此套路是按「四正四隅」八個方位編排的，
要按「動作說明」的方位、角度演練，否則勁力就不
能順達，收勢也不能在起勢地點復位。圖像顯示的方

位、角度和圖上畫的動作路線應以文字說明為準。圖上畫的實線（──）代表右手、右腳；虛線（……）代表左手、左腳。本「動作說明」是以東方為起勢面向寫的。初學階段按「動作說明」演練容易記住拳式和運動方位，待動作熟練後，起勢面向可任選。最好每天分別按東、西、南、北的方位順序做起勢面向，這樣可使運動方位平衡。這套拳演練一遍的正常時間為 3～4 分鐘，初學階段可放慢到 5～6 分鐘，以使動作到位，符合規範要求。

(9)、動作與呼吸配合，對增強太極拳的健身醫療作用和提高拳技都是十分重要的。初學時要呼吸自然，動作熟練後，就要有意識地引導呼吸與動作配合。它的一般規律是：動作趨向定式呼氣，換式（上一式到下式的過渡動作）吸氣，個別運動路線長的動作可輔以短暫的自然呼吸，待動作嫻熟後，要採用「腹式逆呼吸」（氣沈丹田），即呼時小腹外突，吸時小腹內收。呼吸要深、長、細、勻，通暢自然，不可勉強屏氣。

(10)、練太極拳要動作規範，姿勢正確，把握要領，增強悟性，循序漸進，日練不輟，持之以恒。

原地太極拳 12 式分解
動作説明

圖1

預備（面向東方）

身體自然直立，兩腳跟相觸，兩腳尖外撇約 90度；懸頂豎項（頭微上頂），沈肩垂肘，含胸拔背，兩肩微前合，下頦微內收，劍臀收胯；手指微屈自然散開，手心微含（虎口要保持弧形），兩手的指梢輕貼大腿外側，中指微向下領伸，兩肘微外撐（肘與肋之間可容一拳）；嘴唇輕輕合閉，舌放平，舌尖輕貼上顎，鼻吸鼻呼，呼吸自然；全身放鬆，精神集中；眼平視前方（圖1）。

圖2

起勢（面向東）

1. 身體重心（以下簡稱重心）慢慢移至右腿（以下動作均應緩慢），左腳抬離地面（先抬腳跟，腳尖不擦地即可），向左開約半步落地（先落前腳掌），兩腳相距約與肩寬，左腳尖外撇度數不變，重心移至兩腿間（圖2）。

圖3

　2. 兩手臂外旋，兩手向上托舉（意如托捧氣球
）至腕與肩平，手心與指尖斜向上，兩手相距與胸寬
，沈肩，肘部微屈沈；眼看兩手間（圖3）。

一、白鶴亮翅

圖 4

左式（定式面向東）

1. 上體微左轉（左腳尖再稍微外撇），重心移向左腿；同時，左手向下經腹前（手臂先內旋後外旋）向體左上方劃弧；右手（手臂內旋）經面前向左胸前劃弧，眼看左手（圖 4）。

圖5

2. 上體稍微右轉；同時，左手臂向體左前上方
揚舉（指尖向上，高與頭平，手心斜對左鬢角），沈
肩，肘微屈；右手經腹前摟掌至右胯側，手心向下，
指尖向前，臂成弧形；右腳向前出虛步，前腳掌著地
，膝部微屈；眼平視正東方（圖5）。

圖6

右式（定式面向東）

　　1.上體微右轉；右腳後退一步，先前腳掌著地，隨著上體右轉，腳跟向內碾轉至腳尖外撇約 45 度，再全腳落地，重心移至右腿，同時，左手向右胸前劃弧，右手向體右上方劃弧；眼看右手（圖 6 ）。

圖7

2. 上體微左轉；同時，左手向下、向左摟掌，右手向體右前上方揚舉；左腳稍向前出虛步。其他動作參照左式（圖7）。

（白鶴亮翅定式時，兩腳夾角大約 45 度。後腿膝部與腳尖、臀部與腳跟要大體相對；要斂臀收胯，上體保持正直，兩臂均成弧形。）

二、手揮琵琶

圖8

右式（面向西）

1. 身體右轉 135 度，左腳抬離地面，腳尖儘量內扣；同時，右手向左劃弧至左胸前，手心向下；左手向體左上方劃弧，手心向右，指尖向上，約與頭平；眼看左手（圖8）。

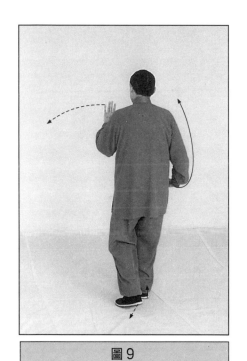

圖 9

　　2. 重心移至左腿，身體繼續右轉至 180 度（面
向西），右腳向右前方上步，先腳跟著地，然後全腳
落實，重心移至右腿；左腳跟步至右腳後，腳尖虛點
地（也可不點地）；同時，右手沿帶脈（通常指繫腰
帶處）向右摟至右胯旁（偏上），手心向下，指尖向
前，臂成弧形；左臂屈肘，手掌坐腕經耳側推至左胸
前（轉體、邁步、摟掌、推掌、跟步要協調一致）；
眼看左手食指（圖 9）。

圖10

　　3. 上體微左轉，左腳微後撤，前腳掌著地並以腳掌為軸，腳跟內碾至腳尖朝西南約 45 度時，全腳落實重心移至左腿；右腳跟抬起成虛步；同時，左手腕展平，手臂微內旋，手心斜向下，由前向左、向右抹掌，右手上提（圖 10）。

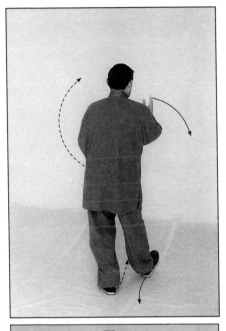

圖11

　　4. 上體微右轉，右手臂微外旋，向前上方挑掌，手心斜向左前方；左手向前合於右臂內側，手心斜向右前方；同時，右腳尖上翹，腳跟虛著地，膝微屈；眼看右手（圖 11）。

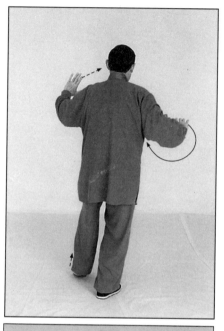

圖12

左式（面向西）

上體微右轉，右腳向後退一小步，先前腳掌著地
，腳跟內碾全腳落地，重心移至右腿，左腳尖翹起成

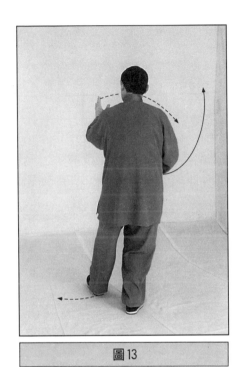

圖13

虛步；同時，右臂內旋，手心朝下，向右、向後（不
要超過身體）、向左劃弧抹掌；左手經胸前向左、再
向前上方劃弧挑舉，接著兩手臂在體前鬆沈合勁。其
他動作參照右式（圖 12、13）。

圖13（副圖）

　（琵琶式定式要做到「三尖對」，即前手指尖、
足尖與鼻尖對齊；「外三合」，即肩與胯合，手與足
合，肘與膝合）〔圖 13（副圖）〕。

三、穿掌下勢

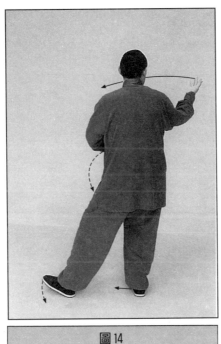

圖14

左式（定式面向南）

1. 上體微右轉；同時，左腳向左邁步，腳跟虛著地；右手臂外旋向下、向右後劃弧至右肩後的斜上方，手心和指尖斜向上；左手臂內旋向右胸前劃弧，手心斜向右下方；眼看右手（圖14）。

圖15

　　2. 上體左轉；同時，左腳以腳跟為軸，腳尖向外撇至腳尖朝前（南）全腳落地，重心移至左腿；右腳跟步至左腳後，腳尖點地成虛步；左手沿帶脈摟掌至左胯旁（偏上）；右手臂內旋屈肘塌腕正掌從耳側（腕高約與肩平）向胸前推掌，指尖向上，手心朝前；眼看右手（圖15）。

圖16

3. 上體微左轉；同時，左手稍微後帶；右手再稍微前推；右腳後撤約半步，前腳掌著地。

4. 上體微右轉，重心向後移至右腿，右腳全腳落實，屈膝坐胯；同時，兩手腕展平（手心均向下），左手向前穿掌（肘部微屈，力點在指尖）；右手微向左沿體中線與左掌上下交錯，向後收至右腹前；與其同步，左腳微微後撤，前腳掌虛著地，膝微屈；眼看左手（圖16）。

圖17

右式（面向南）

上體微左轉，左腳後退一步，重心移至左腿，屈膝坐胯；同時，右手前穿，左手後收，其他動作參照左式（圖 17）。

四、俯身按掌

圖18

左式（定式面向北）

1. 上體左轉（約 125 度），同時，右腳尖翹起以腳跟為軸，腳尖儘量內扣；左腳跟抬起以腳掌為軸腳跟內碾；右手臂外旋，手心向上；左手隨轉體沿帶脈向左摟掌；眼看右手（圖18）。

圖19

2. 重心移至右腿，上體再左轉（兩次轉體為180度）；同時，右手臂漸漸內旋，向上（手不過頭）、向左、向下劃弧至左膝上，手心朝下，指尖向左；左手再向左摟至左胯外側。接著上體向前俯身（不可彎腰低頭）；左虛腳稍微前伸，腳掌著地，與俯身同步，右手下按至左膝上方（亦可按於膝前），左手按於左大腿外側；眼看前下方（圖19）。

圖 20

右式（定式面向北）

上體直起，兩手稍上提，然後左腳後退一步，腳
尖外撇 45 度落地，重心移至左腿，接著上體微右轉
，右腳跟外碾至腳尖向北；同時左手臂外旋，手心漸
漸轉朝上，並向左、向上、向右（手臂變內旋）劃弧
至右膝上方，手心朝下，指尖向右；右手（手心朝下
）圍繞腰向右摟至右胯外側，隨之上體前俯，左手向
右膝上按掌；右腳稍微前伸，膝微屈，前腳掌虛著地
（圖 20）。

五、四隅穿梭

圖21

穿梭①（面向西南）

1. 上體直起並左轉，右腳以前腳掌為軸，腳跟外碾；左腳跟抬起向內碾轉，重心移至右腿；同時，右手臂先外旋向右、向上（手心朝上），再內旋向左劃弧至右胸前，手心朝下，腕與肩平，肘微下沈；左手臂外旋翻掌，手心朝上置於右腹前（偏上），兩手心相對成抱球狀；眼看右手（圖21）。

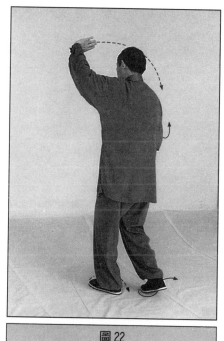

圖22

2. 上體左轉（面向西南），左腳向西南上一步，重心移至左腿，右腳跟步至左腳後（兩腳相距約10公分），腳尖虛著地；同時，左手臂內旋上架於左額上方，手心斜向前上方（貼近額頭），右手先稍微向右後收落，塌腕，再向前推掌至右胸前（手不要超過體中線，拇指貼近心窩，肘貼近肋部），手心朝前，指尖向上（重心移動、轉體、架掌、推掌、跟步要協調一致）；眼平視西南（圖22）。

圖23

穿梭②（面向東北）

1. 右腳全腳落地，重心移至右腿，身體右轉約
135 度，左腳以腳跟為軸，腳尖儘量內扣，重心再移
至左腿，右腳跟向內碾轉；同時，左手隨轉體下落至
左胸前，手心向下；右手稍下落，翻手心向上，兩手
在左胸前成抱球狀；眼看左手（圖 23）。

圖 24

2. 身體再右轉 45 度；右腳向東北上一步，重心移向右腿，左腳跟步至右腳後，同時，右手臂上架，左手推掌（圖 24）。

圖25

穿梭③（面向西北）

左腳全腳落地，重心移至左腿，身體左轉 90 度，右腳尖內扣，重心再移至右腿，左腳跟抬起成虛步

圖 26

，同時，兩手在右胸前「抱球」；接著左腳向西北上
步，重心前移至左腿，右腳跟步至左腳後，其他動作
與「穿梭①」相同（圖 25、26）。

圖27

穿梭④（面向東南）

動作與穿梭②相同（圖 27、28）。

圖 28

六、霸王揚鞭

圖29

左式（定式面向東）

1. 身體微右轉，左手掌稍前推，左腳稍後撤，腳尖外撇約 45 度，先前腳掌落地，然後全腳落地踏實，重心移至左腿；同時，左手臂外旋向下、向左劃弧至身體左側上方（偏後），腕與肩平，手心與指尖斜向上；右手由上向左劃弧至左胸前，手心向下；眼看左手（圖 29）。

圖30

　2. 上體微右轉，左腿微屈站穩；同時，左手臂
內旋向頭上劃弧揚舉，手心斜向前上方，指尖斜向右
；右手經腹前劃弧摟掌至右大腿外側（兩臂均成弧形
），與其同步，右腳左移，膝上提，腳尖上翹回勾；
眼看東方（圖30）。

圖31

右式（面向東）

身體右轉，右腳向體右後方落步，先前腳掌落地，然後隨著轉體腳跟內蹍再全腳落地（腳尖外撇約45度），重心移至右腿；同時，右手臂外旋向體右

圖32

後上方劃弧；左手臂微外旋向右肩前劃弧（圖 31）
；接著上體微左轉，右腿微屈站穩；左腳右移，提膝
翹足，右手向頭上揚舉，左手摟掌至左大腿外側；眼
看東方（圖 32）。

七、仙人撣靴

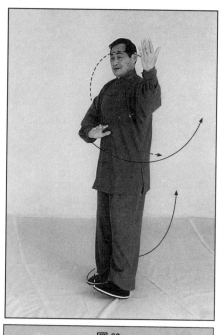

圖 33

右式（定式面向西）

1. 身體右轉（面向西南），左腳下落以腳跟為軸，腳尖儘量內扣，重心漸漸移向左腿；同時，左手臂外旋向右劃弧舉於左肩上方，右手從額前向左、向下落於左胸前，手心向下（圖33）。

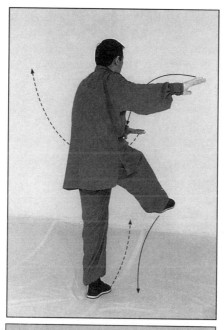

圖34

　2. 身體再右轉，待體轉至面向正西時，左腿膝
微屈站穩（上體要正直）；右腿向右前方抬起，膝微
微上提，腳面展平，腳尖微下勾（力點在腳尖）；左
手慢慢下按於右膝前上方，手心向下，指尖向右；右
手移至體右側（腕高約於胸平，手臂內旋外撐），手
心斜向外，指尖斜向前（兩臂均成弧形）；眼平視西
方（圖34）。

圖35

左式（定式面向西）

上體微右轉，右腿向後落約一步，先前腳掌著地，腳跟內碾至腳尖外撇約 45 度，重心移至右腿，接著左腿向左前方抬起，膝微上提，腳面展平，腳尖微下勾；同時兩手向左劃弧，左手至體左側，右手落按於左膝上方。其他同右式（圖 35）。

八、金雞獨立

圖 36

右式（定式面向南）

1. 做完「仙人撣靴②」，接著上體微右轉，左腳向左邁步，腳跟著地；同時，左手向右劃弧至右腹前，手心向下；右手臂外旋向右、向上劃弧至體右側上方（偏後），腕與肩平，手心向上；眼看右手（圖36）。

圖37

　2. 身身左轉，左腳尖轉向前（南）全腳落地，重心移至左腿，右腳跟步至左腳後；同時，左手沿帶脈摟掌至左胯旁，手心向下；右手經耳側向胸前推掌，手心向前，指尖朝上；眼看右手（圖37）。

圖 38

　3. 右腳全腳落地（不要後撤），重心移至右腿
；身體稍上起，右腿膝微屈獨立；左膝盡量上提（高
度因人而異），小腿自然垂直，腳尖上翹，腳跟下蹬
；與提膝同步，左手側掌向上挑掌貼近左耳，指尖斜
向左後上方，拇指在下；右手按落至右胯外側（偏前
），掌心向下，指尖向前；眼平視南方（圖 38）。

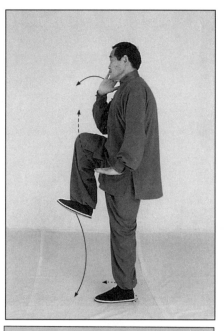

圖 39

左式（定式面向南）

右腿屈膝半蹲（上體要正直不可前傾），左腳向右腳後（屈膝）落步（腳尖與右腳跟平齊），兩腳橫向距離約 10 公分，重心移至左腿；同時，兩手側掌下落至兩膝外側，接著左腿伸起獨立，右腿屈膝上提，小腿自然垂直，腳尖上翹，腳跟下蹬；右手向前，向上挑掌，貼近右耳；左手落至左胯旁；眼平視南方（圖 39）。

圖40

左式（定式面向北）

1. 右腳下落腳跟著地，身體左轉，右腳以腳跟為軸腳尖儘量內扣，左腳跟向內碾轉，待體轉約125

圖41

度時，重心移至右腿；同時，兩手臂先內旋後外旋，
左手稍向右，再向上、向左、向下、向上劃立圓；右
手先隨轉體向左劃弧，再由左向右、向下、向左、向

圖 42

上劃立圓，兩手在胸前搭成斜十字形（左手在外），
手心均朝內；與兩手臂合抱同步，左膝上提，小腿自
然下垂；眼平視東北方（圖 40、41、42）。

圖43

　　2. 上體微左轉，左腳向北蹬腳（腳尖回勾）；
同時，兩手臂漸漸內旋，分別向左前方和右後方伸臂
（肘微屈），坐腕撐掌，腕與肩平，兩手心朝外，指
尖向上（左肘與左膝上下相對）；眼看左手（圖 43
）。

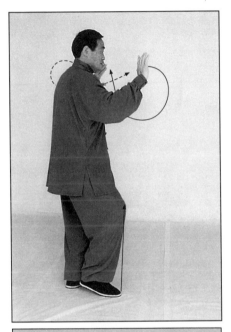

圖44

右式（定式面向北）

身體左轉，左腳向左後方落步，先前腳掌落地，腳跟稍向內碾轉（腳尖朝西北），然後全腳落實，重心移至左腿（右腳跟隨著外碾）；同時，兩手臂先由體前上方（高不過頭）向左劃弧（眼隨看左手），然

圖 45

後兩手分別從體左右兩側向下、向上合抱（右手在外
），右腿提膝，接著右腿蹬腳，兩手臂外撐；眼看右
手（圖 44、45、46）。

圖 46

十、四隅撇捶

圖 47

撇捶①（定式面向西南）

1. 身體左轉，右腳下落，先腳跟著地，腳尖內扣約 125 度，然後全腳著地，重心移至右腿（屈膝坐胯）；左腳收至右腳內側成丁虛步；同時，左手向左、向下再向右劃弧變拳（虛握），至右腹前，拳心朝下，拳眼朝裏，臂成弧形；右手向左、向下劃弧，手心輕貼在左前臂外側（握拳方法：五指屈指握攏，拇指壓在食指和中指第二節上）；眼看右斜下方（圖 47）。

圖48

2. 上體微左轉，左腳向西南上一步，重心前移，左腿屈膝弓步，右腿自然伸直；同時，左拳上提經面前向西南撇打（至擊點變實拳），拳心斜向上，拳高與鼻平（左肘微屈沈與左膝上下相對）；右手隨左拳向前附於左前臂內側，手心向下；眼看左拳（圖48）。

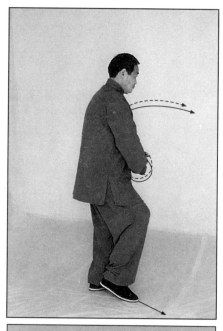

圖49

撇捶②（定式面向東北）

1.重心後移，上體右轉，左腳尖內扣約 90 度，重心再移至左腿，右腳收至左腳內側，腳尖點地成丁虛步；同時，右手從左前臂上向左、向上、向右、向下再向左劃圓，在右胯前握拳伸至左胯前，拳心向下，拳眼向裏；左拳變掌，手心向上，向右、向下、向左、向上（手臂內旋）、向下劃圓，手心向下附於右前臂外側；眼看左斜下方（圖49）。

圖50

2. 上體再左轉，右腳向東北上步，重心向前移，右腿屈膝弓步。其他動作參照向西南撇捶（圖 50）。

圖51

撇捶③（定式面向西北）

　　重心後移，上體左轉，右腳尖稍內扣，重心再移
至右腿，左腳收至右腳內側成丁虛步；同時，右拳變

圖 52

掌，左手從右前臂上穿抹，接著兩手一齊劃圓……其
他動作與向西南撇捶相同（圖51、52）。

圖53

撇捶④（定式面向東南）

　　動作要求與西南轉向東北相同，只是方位不同（
圖 53、54）。

圖 54

十一、雲手、單鞭

圖 55

雲手①（面向東）

1. 上體與重心稍微向前移動，左腳抬離地面向左前移至兩腳尖基本平齊，前腳掌落地（腳尖向東）；同時，右拳變掌，稍微前伸內旋，手心轉向外，指尖斜向上，沈肩屈肘；左手臂亦稍微前伸外旋，手心向上；眼看右手（圖 55）。

圖56

2. 身體和左腳橫向左側（北）移動，左腳全腳落地，重心移至左腿，右腿自然伸直，兩腿成側弓步；同時，左手向上（手臂微外旋，手心朝裏，指尖向上）經面前向左劃弧雲轉（指尖高不過眉）；右手向下（低不過襠），向左劃弧雲抹至左腹前，手心向內；眼看左手（圖56）。

圖57

　　3. 兩手繼續向左雲轉，左手至體左側，手心轉
向外，右手至左肋旁（手臂外旋），手心斜向上；同
時，右腳收至左腳內側成丁虛步；眼看左手（圖　57
）。

圖58

　4. 上體右轉，右腳返回原地（大腳趾一側先著地，後全腳落實），重心右移，右腿屈膝側弓，左腿自然伸直；同時，兩手在體左側上下交替，右手手心向內，經面前向右雲轉至體右側，手心轉向外；左手

圖59

心向下，經腹前向右雲抹至右肋旁，手心斜向右後方
；接著，左腳收至右腳內側成丁虛步（雲轉時眼看上
手）（圖58、59）。

圖60

　5.上體左轉，左腳返回原地，重心左移，左腿
側弓，右腿自然伸直；同時，兩手在右側上下交替，
由右向左雲轉；眼看左手（圖60）。
　　按照以上雲轉方法，再循環一次（也可多循環幾
次）。

圖 61

右單鞭（定式面向南）

1. 上接圖 60。重心移至左腿，右腳收至左腳內側成丁虛步；左手變勾手（勾手方法：五指第一指節自然捏攏，屈腕約 60 度）並稍向左（偏後）伸舉，勾尖向下，臂微屈，腕略高於肩；右手經腹前抹掌至左胸前（圖 61）。

圖62

　2. 上體右轉，右腳向右前方上一步，先腳跟著地然後全腳落實，重心前移至右腿，屈膝弓步（膝蓋與腳尖垂直）；左腿伸直，腳跟外碾，膝部微下沈（兩腳橫向距離約 20 公分），左勾手隨轉體稍向前移；同時，右手如同雲手動作雲轉至體前，手臂內旋坐腕前推，手心向前，指尖向上，高與鼻平（右肘、膝上下相對），與推掌同步，左勾手微後伸；眼看右手（圖62）。

圖63

雲手②（面向東）

1. 上體左轉，重心移向左腿，右腳尖內扣，重心再移至右腿，左腳收至右腳內側；同時，左勾手變掌向下、向右劃弧至右胸前，手心斜向內上方，右手心轉向東南（圖63）。

圖 64

　2. 上體左轉，左腳向左移步；同時，兩手雲轉……具體動作和雲轉次數及圖片與雲手①相同（圖 64、65、66）。

图 65

圖66

圖 67

左單鞭（定式面向北）

　　兩手雲轉至右側時，上體左轉，左腳向北上一步，重心移至左腿，屈膝弓步，右腿伸直，腳跟外碾；同時，右手變勾手，左手向北推掌，具體動作參照右單鞭（圖 67、68）。

圖68

十二、攬雀尾

右式（定式面向南）

1. 上體右轉，重心稍向右腿移動，右腳尖翹起，以腳跟為軸，腳尖儘量內扣落地，重心再移至左腿，右腳收至左腳內側成丁虛步；同時，左手臂先外旋後內旋向上、向右劃弧至左胸前，肘平屈，肘端微下沈，手心向下，腕與肩平；右勾手變掌，手臂外旋向下、向左劃弧至左腹前，手心向上，兩手心相對成抱球狀；眼看左手（圖 69）。

圖70

2. 上體再微右轉，右腳向體右前方上一步，重心前移，右腿屈膝前弓，左腿自然伸直，左腳跟外碾，腳尖朝東南 45 度（兩腳不要踩在一條線上，橫向距離約 20 公分）；同時，右前臂內旋向前、向上掤架，橫於體前，手臂成弧形，高與胸平，手心向內，指尖向左；左手臂（微內旋）向下劃弧至左胯旁，手心向下，指尖向前；眼看右前臂（圖70）。

圖 71

　　3. 上體再微右轉，右手臂內旋向體右前方伸出
，手心斜向下，腕與肩平，肘微屈沈；同時，左手臂
外旋前伸至右前臂下方，手心斜向上（兩手心斜相對
）；眼看右手（圖 71）。

圖72

4. 上體左轉，重心後移，左腿屈膝坐胯，右腿向後伸展（膝微屈）；同時，兩手一齊下捋至左胯前，繼而兩手臂再向左後劃弧，左手至左後上方，手心向上，指尖斜向上，腕略高於肩；右手至左胸前，手心向上，眼看左手（圖72）。

圖73

　5. 上體右轉，重心移向右腿，屈膝前弓，左腿
自然伸直；同時，右前臂移至胸前平屈，手心向內；
左手臂（指尖領先）向上、向前經耳側卷收至胸前，
手掌輕貼於右腕內側，然後兩手臂慢慢前擠至兩臂成
半圓形；眼看右腕（圖 73）。

圖74

　6. 兩手臂再略微前擠，右手臂內旋，手心向下，向左斜伸，左手經右腕上向右斜伸，兩腕在胸前交叉成斜十字形（手心均向下），然後兩手左右分開至胸寬，繼而上體向後坐身，重心移至左腿，屈膝坐胯，右腿向後伸展，腳尖翹起，膝微屈；同時，兩臂屈肘，兩手劃弧收至兩胯前，手心斜向下；眼向前（南）平視（圖74）。

圖75

7. 重心前移，右腳落實，右腿屈膝前弓，左腿
蹬伸；同時，兩手坐腕向上、向前弧線按出，腕與胸
平，手心向前，指尖向上，兩手相距約與胸寬，兩肘
微屈；眼看兩手間（圖75）。

圖76

左攬雀尾（定式面向北）

上體左轉，重心移向左腿，右腳尖翹起儘量內扣落地，重心再移至右腿，右腳收至右腳內側成丁虛步；同時，兩手腕展平，左手臂向左、向上、向下（手臂外旋）、向右劃弧至右腹前，手心向上；右手臂（先外旋後內旋）向上、向左劃弧平屈在右胸前，腕與肩平，手心向下，兩手心相對成抱球狀；眼看右手（圖76）。

圖77

　　左「攬雀尾」的掤、捋、擠、按動作同右式，唯動作方向相反（圖 77、78、79、80、81、82）。

圖78

図79

圖 80

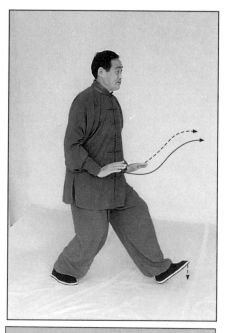

圖 81

圖82

圖 83

收勢（面向東）

1. 上接圖 82。上體右轉，重心向右腿移動，兩腳以腳跟為軸，左腳尖內扣約 70 度，右腳尖外撇約 90 度，繼而右腿屈膝側弓，左腿自然伸直；同時，兩手臂沈肘塌腕，右手經面前（手心向外，指尖高不過眉；眼看右手）劃弧至體右側；左手向右劃弧至體左側，然後兩手左右撐開，兩腕與肩平，兩手指均向上，兩肘與膝上下相對（撐掌與弓步要協調一致）；眼看右手（圖 83）。

圖84

2. 上體微左轉，重心移向左腿，待左腿成側弓
步時，上體再微右轉；同時，兩手向下劃弧，再由下

圖85

向胸前全抱，兩腕在胸前搭成斜十字形，手心均向內
；與其同步，右腳尖先略微內扣，再向左收腳，兩腳
成開立步；眼向前平視（圖84、85）。

圖86

3. 身體慢慢起立，同時，兩手臂內旋前伸，向左右分開與肩同寬；手心向下，慢慢下落至兩大腿外側，然後重心移至右腿，左腳收至右腳內側恢復預備姿勢；眼平視東方（圖86、87、88）。

图 87

图88

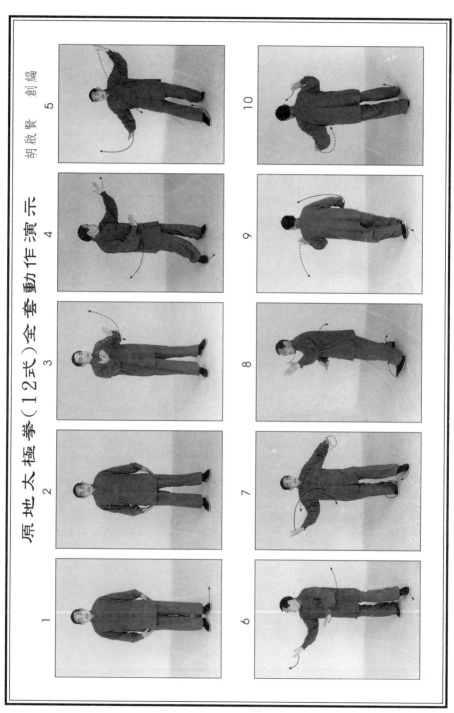

原地太極拳（12式）全套動作演示　　胡啟賢　創編

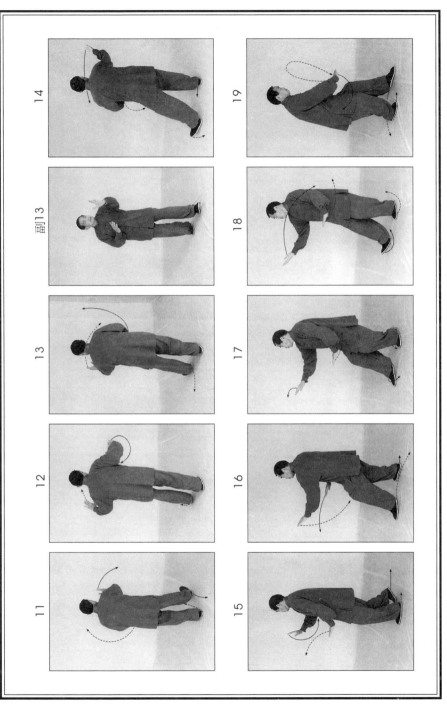

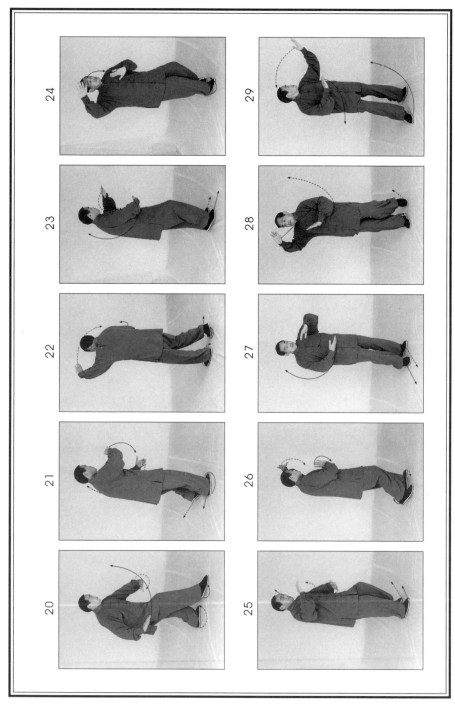

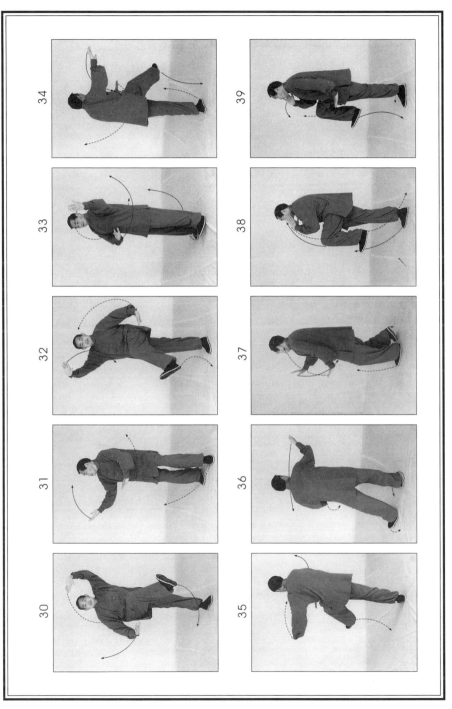

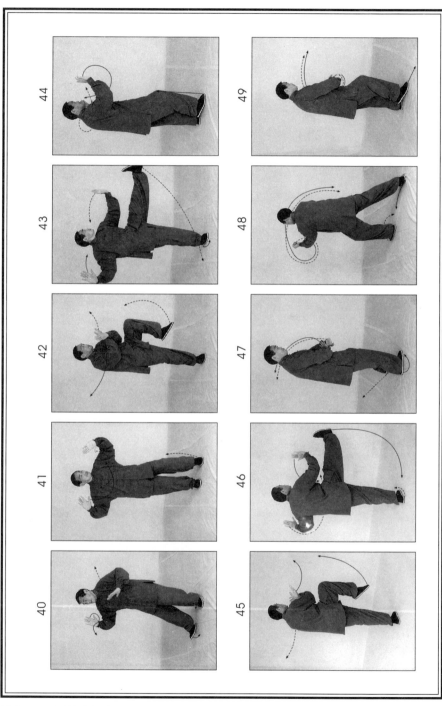

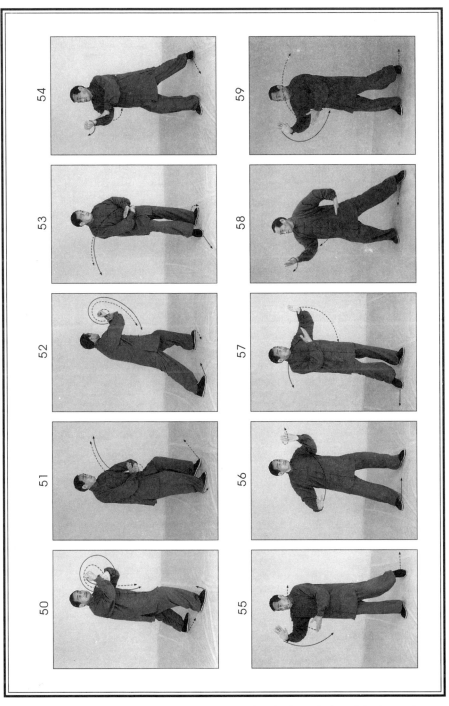

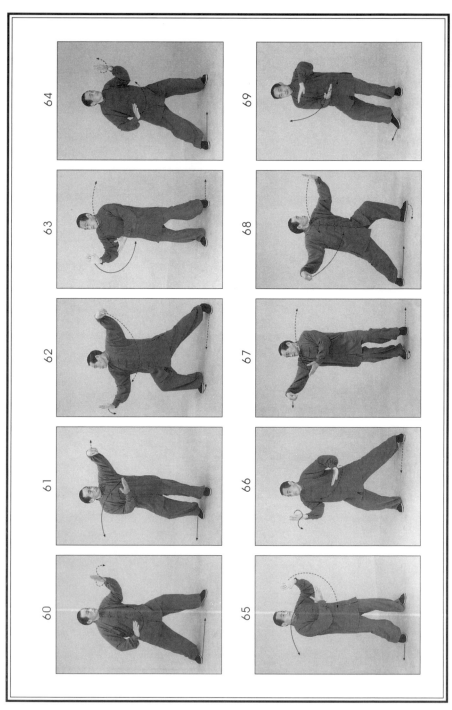

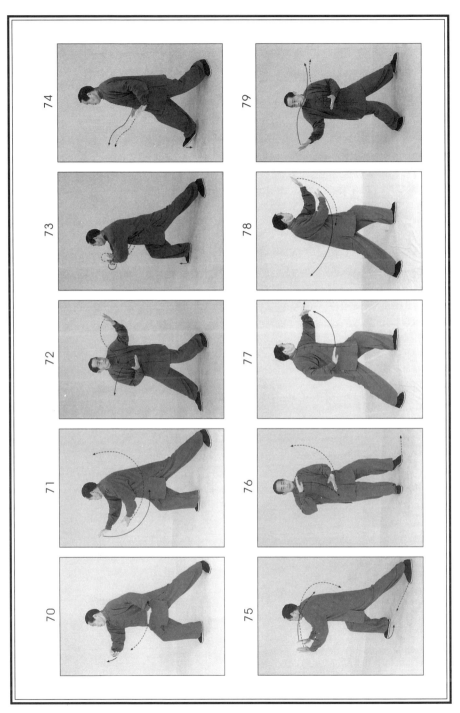

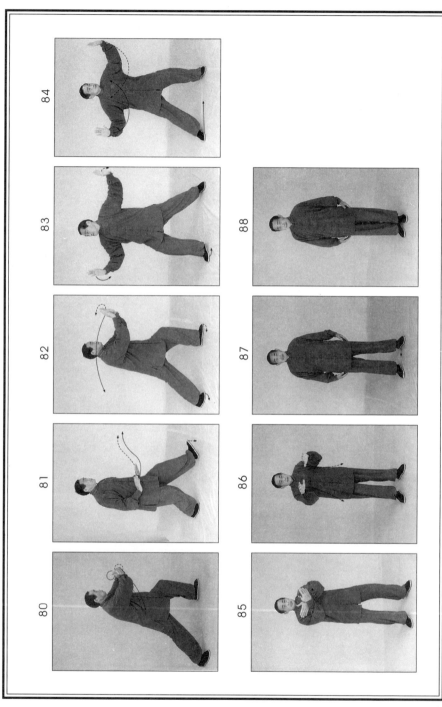

後　記

本人編著演練的原地太極拳叢書已分冊出版，接受廣大太極拳愛好者的評判。此時此刻，我要衷心感謝所有向我無私傳授拳技的老師們。我倍加懷念我的啟蒙老師、已故的蕭振宜老師。特別感謝我的恩師門惠豐教授、闞桂香副教授多年來對我的辛勤栽培和精心指導。還要衷心感謝愛護、支持、積極傳播原地太極拳的中央電視台《夕陽紅》《電視教練》節目組、《中華武術》《武魂》雜誌社，以及人民體育出版社。

原地太極拳系列套路在編練過程中，還得到安徽省固鎮縣文體局、太極拳協會，袁淼先生、鄒其雨、段賢斌、夏懷英、柯慶來、李春輝、閻世香等，以及大別山區金寨縣太極拳聯絡站的大力支持和幫助，一併表示謝忱。

最後，我以誠摯的心情將本書獻給我的老伴閻慶梅，她為此做出的努力和奉獻是任何言語都難以表述的，「軍功章」有她的一大半。

胡啟賢

1999.3.10

·武 術 特 輯· 電腦編號 10

1.	陳式太極拳入門	馮志強編著	180 元
2.	武式太極拳	郝少如編著	200 元
3.	練功十八法入門	蕭京凌編著	120 元
4.	教門長拳	蕭京凌編著	150 元
5.	跆拳道	蕭京凌編譯	180 元
6.	正傳合氣道	程曉鈴譯	200 元
7.	圖解雙節棍	陳銘遠著	150 元
8.	格鬥空手道	鄭旭旭編著	200 元
9.	實用跆拳道	陳國榮編著	200 元
10.	武術初學指南	李文英、解守德編著	250 元
11.	泰國拳	陳國榮著	180 元
12.	中國式摔跤	黃 斌編著	180 元
13.	太極劍入門	李德印編著	180 元
14.	太極拳運動	運動司編	250 元
15.	太極拳譜	清·王宗岳等著	280 元
16.	散手初學	冷 峰編著	200 元
17.	南拳	朱瑞琪編著	180 元
18.	吳式太極劍	王培生著	200 元
19.	太極拳健身和技擊	王培生著	250 元
20.	秘傳武當八卦掌	狄兆龍著	250 元
21.	太極拳論譚	沈 壽著	250 元
22.	陳式太極拳技擊法	馬 虹著	250 元
23.	二十四式太極拳 三十二式太極劍	闞桂香著	180 元
24.	楊式秘傳 129 式太極長拳	張楚全著	280 元
25.	楊式太極拳架詳解	林炳堯著	280 元
26.	華佗五禽劍	劉時榮著	180 元
27.	太極拳基礎講座:基本功與簡化 24 式	李德印著	250 元
28.	武式太極拳精華	薛乃印著	200 元
29.	陳式太極拳拳理闡微	馬 虹著	350 元
30.	陳式太極拳體用全書	馬 虹著	400 元
31.	張三豐太極拳	陳占奎著	200 元
32.	中國太極推手	張 山主編	300 元
33.	48 式太極拳入門	門惠豐編著	220 元

·原地太極拳系列· 電腦編號 11

1.	原地綜合太極拳 24 式	胡啓賢創編	220 元
2.	原地活步太極拳 42 式	胡啓賢創編	200 元
3.	原地簡化太極拳 24 式	胡啓賢創編	200 元
4.	原地太極拳 12 式	胡啓賢創編	200 元

・養 生 保 健・ 電腦編號 23

1. 醫療養生氣功	黃孝寬著	250 元
2. 中國氣功圖譜	余功保著	250 元
3. 少林醫療氣功精粹	井玉蘭著	250 元
4. 龍形實用氣功	吳大才等著	220 元
5. 魚戲增視強身氣功	宮 嬰著	220 元
6. 嚴新氣功	前新培金著	250 元
7. 道家玄牝氣功	張 章著	200 元
8. 仙家秘傳祛病功	李遠國著	160 元
9. 少林十大健身功	秦慶豐著	180 元
10. 中國自控氣功	張明武著	250 元
11. 醫療防癌氣功	黃孝寬著	250 元
12. 醫療強身氣功	黃孝寬著	250 元
13. 醫療點穴氣功	黃孝寬著	250 元
14. 中國八卦如意功	趙維漢著	180 元
15. 正宗馬禮堂養氣功	馬禮堂著	420 元
16. 秘傳道家筋經內丹功	王慶餘著	280 元
17. 三元開慧功	辛桂林著	250 元
18. 防癌治癌新氣功	郭 林著	180 元
19. 禪定與佛家氣功修煉	劉天君著	200 元
20. 顛倒之術	梅自強著	360 元
21. 簡明氣功辭典	吳家駿編	360 元
22. 八卦三合功	張全亮著	230 元
23. 朱砂掌健身養生功	楊永著	250 元
24. 抗老功	陳九鶴著	230 元
25. 意氣按穴排濁自療法	黃啓運編著	250 元
26. 陳式太極拳養生功	陳正雷著	200 元
27. 健身祛病小功法	王培生著	200 元
28. 張式太極混元功	張春銘著	250 元
29. 中國璇密功	羅琴編著	250 元
30. 中國少林禪密功	齊飛龍著	200 元
31. 郭林新氣功	郭林新氣功研究所	400 元

・運 動 遊 戲・ 電腦編號 26

1. 雙人運動	李玉瓊譯	160 元
2. 愉快的跳繩運動	廖玉山譯	180 元
3. 運動會項目精選	王佑京譯	150 元
4. 肋木運動	廖玉山譯	150 元
5. 測力運動	王佑宗譯	150 元

·女醫師系列· 電腦編號 62

1.	子宮內膜症	國府田清子著	200 元
2.	子宮肌瘤	黑島淳子著	200 元
3.	上班女性的壓力症候群	池下育子著	200 元
4.	漏尿、尿失禁	中田真木著	200 元
5.	高齡生產	大鷹美子著	200 元
6.	子宮癌	上坊敏子著	200 元
7.	避孕	早乙女智子著	200 元
8.	不孕症	中村春根著	200 元
9.	生理痛與生理不順	堀口雅子著	200 元
10.	更年期	野末悅子著	200 元

·生 活 廣 場· 電腦編號 61

1.	366 天誕生星	李芳黛譯	280 元
2.	366 天誕生花與誕生石	李芳黛譯	280 元
3.	科學命相	淺野八郎著	220 元
4.	已知的他界科學	陳蒼杰譯	220 元
5.	開拓未來的他界科學	陳蒼杰譯	220 元
6.	世紀末變態心理犯罪檔案	沈永嘉譯	240 元
7.	366 天開運年鑑	林廷宇編著	230 元
8.	色彩學與你	野村順一著	230 元
9.	科學手相	淺野八郎著	230 元
10.	你也能成為戀愛高手	柯富陽編著	220 元
11.	血型與十二星座	許淑瑛編著	230 元
12.	動物測驗—人性現形	淺野八郎著	200 元
13.	愛情、幸福完全自測	淺野八郎著	200 元

·傳統民俗療法· 電腦編號 63

1.	神奇刀療法	潘文雄著	200 元
2.	神奇拍打療法	安在峰著	200 元
3.	神奇拔罐療法	安在峰著	200 元
4.	神奇艾灸療法	安在峰著	200 元
5.	神奇貼敷療法	安在峰著	200 元
6.	神奇薰洗療法	安在峰著	200 元
7.	神奇耳穴療法	安在峰著	200 元
8.	神奇指針療法	安在峰著	200 元
9.	神奇藥酒療法	安在峰著	200 元
10.	神奇藥茶療法	安在峰著	200 元

·飲食保健· 電腦編號 29

1.	自己製作健康茶	大海淳著	220 元
2.	好吃、具藥效茶料理	德永睦子著	220 元
3.	改善慢性病健康藥草茶	吳秋嬌譯	200 元
4.	藥酒與健康果菜汁	成玉編著	250 元
5.	家庭保健養生湯	馬汴梁編著	220 元
6.	降低膽固醇的飲食	早川和志著	200 元
7.	女性癌症的飲食	女子營養大學	280 元
8.	痛風者的飲食	女子營養大學	280 元
9.	貧血者的飲食	女子營養大學	280 元
10.	高脂血症者的飲食	女子營養大學	280 元
11.	男性癌症的飲食	女子營養大學	280 元
12.	過敏者的飲食	女子營養大學	280 元
13.	心臟病的飲食	女子營養大學	280 元
14.	滋陰壯陽的飲食	王增著	220 元
15.	胃、十二指腸潰瘍的飲食	勝健一等著	280 元
16.	肥胖者的飲食	雨宮禎子等著	280 元
17.	癌症有效的飲食	河內卓等著	280 元
18.	糖尿病有效的飲食	山田信博等著	280 元

·家庭醫學保健· 電腦編號 30

1.	女性醫學大全	雨森良彥著	380 元
2.	初為人父育兒寶典	小瀧周曹著	220 元
3.	性活力強健法	相建華著	220 元
4.	30 歲以上的懷孕與生產	李芳黛編著	220 元
5.	舒適的女性更年期	野末悅子著	200 元
6.	夫妻前戲的技巧	笠井寬司著	200 元
7.	病理足穴按摩	金慧明著	220 元
8.	爸爸的更年期	河野孝旺著	200 元
9.	橡皮帶健康法	山田晶著	180 元
10.	三十三天健美減肥	相建華等著	180 元
11.	男性健美入門	孫玉祿編著	180 元
12.	強化肝臟秘訣	主婦の友社編	200 元
13.	了解藥物副作用	張果馨譯	200 元
14.	女性醫學小百科	松山榮吉著	200 元
15.	左轉健康法	龜田修等著	200 元
16.	實用天然藥物	鄭炳全編著	260 元
17.	神秘無痛平衡療法	林宗駛著	180 元
18.	膝蓋健康法	張果馨譯	180 元
19.	針灸治百病	葛書翰著	250 元
20.	異位性皮膚炎治癒法	吳秋嬌譯	220 元

21. 禿髮白髮預防與治療　　　　　陳炳崑編著　180元
22. 埃及皇宮茶健康法　　　　　　飯森薰著　　200元
23. 肝臟病安心治療　　　　　　　上野幸久著　220元
24. 耳穴治百病　　　　　　　　　陳抗美等著　250元
25. 高效果指壓法　　　　　　　五十嵐康彥著　200元
26. 瘦水、胖水　　　　　　　　　鈴木園子著　200元
27. 手針新療法　　　　　　　　　朱振華著　　200元
28. 香港腳預防與治療　　　　　　劉小惠譯　　250元
29. 智慧飲食吃出健康　　　　　　柯富陽編著　200元
30. 牙齒保健法　　　　　　　　　廖玉山編著　200元
31. 恢復元氣養生食　　　　　　　張果馨譯　　200元
32. 特效推拿按摩術　　　　　　　李玉田著　　200元
33. 一週一次健康法　　　　　　　若狹真著　　200元
34. 家常科學膳食　　　　　　　　大塚滋著　　220元
35. 夫妻們閱讀的男性不孕　　　　原利夫著　　220元
36. 自我瘦身美容　　　　　　　　馬野詠子著　200元
37. 魔法姿勢益健康　　　　　　五十嵐康彥著　200元
38. 眼病錘療法　　　　　　　　　馬栩周著　　200元
39. 預防骨質疏鬆症　　　　　　　藤田拓男著　200元
40. 骨質增生效驗方　　　　　　　李吉茂編著　250元
41. 蕺菜健康法　　　　　　　　　小林正夫著　200元
42. 赧於啟齒的男性煩惱　　　　　增田豐著　　220元
43. 簡易自我健康檢查　　　　　　稻葉允著　　250元
44. 實用花草健康法　　　　　　　友田純子著　200元
45. 神奇的手掌療法　　　　　　　日比野喬著　230元
46. 家庭式三大穴道療法　　　　　刑部忠和著　200元
47. 子宮癌、卵巢癌　　　　　　　岡島弘幸著　220元
48. 糖尿病機能性食品　　　　　　劉雪卿編著　220元
49. 奇蹟活現經脈美容法　　　　　林振輝編譯　200元
50. Super SEX　　　　　　　　　　秋好憲一著　220元
51. 了解避孕丸　　　　　　　　　林玉佩譯　　200元
52. 有趣的遺傳學　　　　　　　　蕭京凌編著　200元
53. 強身健腦手指運動　　　　　　羅群等著　　250元
54. 小周天健康法　　　　　　　　莊雯琳譯　　200元
55. 中西醫結合醫療　　　　　　　陳蒼杰譯　　200元
56. 沐浴健康法　　　　　　　　　楊鴻儒譯　　200元
57. 節食瘦身秘訣　　　　　　　　張芷欣編著　200元
58. 酵素健康法　　　　　　　　　楊皓譯　　　200元
59. 一天10分鐘健康太極拳　　　　劉小惠譯　　250元
60. 中老年人疲勞消除法　　　　　五味雅吉著　220元
61. 與齲齒訣別　　　　　　　　　楊鴻儒譯　　220元
62. 禪宗自然養生法　　　　　　　費德漢編著　200元
63. 女性切身醫學　　　　　　　　編輯群編　　200元
64. 乳癌發現與治療　　　　　　　黃靜香編著　200元

65. 做媽媽之前的孕婦日記　　　　林慈婣編著　180元
66. 從誕生到一歲的嬰兒日記　　　林慈婣編著　180元
67. 6個月輕鬆增高　　　　　　　江秀珍譯　　200元

・超經營新智慧・ 電腦編號 31

1. 躍動的國家越南　　　　　　　林雅倩譯　　250元
2. 甦醒的小龍菲律賓　　　　　　林雅倩譯　　220元
3. 中國的危機與商機　　　　　　中江要介著　250元
4. 在印度的成功智慧　　　　　　山內利男著　220元
5. 7-ELEVEN 大革命　　　　　　村上豐道著　200元
6. 業務員成功秘方　　　　　　　呂育清編著　200元
7. 在亞洲成功的智慧　　　　　　鈴木讓二著　220元
8. 圖解活用經營管理　　　　　　山際有文著　220元
9. 速效行銷學　　　　　　　　　江尻弘著　　220元
10. 猶太成功商法　　　　　　　　周蓮芬編著　200元
11. 工廠管理新手法　　　　　　　黃柏松編著　220元
12. 成功隨時掌握在凡人手中　　　竹村健一著　220元
13. 服務・所以成功　　　　　　　中谷彰宏著　200元

・親子系列・ 電腦編號 32

1. 如何使孩子出人頭地　　　　　多湖輝著　　200元
2. 心靈啓蒙教育　　　　　　　　多湖輝著　　280元
3. 如何使孩子數學滿分　　　　　林明嬋編著　180元
4. 終身受用的學習秘訣　　　　　李芳黛譯　　200元
5. 數學疑問破解　　　　　　　　陳蒼杰譯　　200元

・雅致系列・ 電腦編號 33

1. 健康食譜春夏篇　　　　　　　丸元淑生著　200元
2. 健康食譜夏秋篇　　　　　　　丸元淑生著　200元
3. 純正家庭料理　　　　　　　　陳建民等著　200元
4. 家庭四川菜　　　　　　　　　陳建民著　　200元
5. 醫食同源健康美食　　　　　　郭長聚著　　200元
6. 家族健康食譜　　　　　　　　東畑朝子著　200元

・美術系列・ 電腦編號 34

1. 可愛插畫集　　　　　　　　　鉛筆等著　　220元
2. 人物插畫集　　　　　　　　　鉛筆等著　　180元

國家圖書館出版品預行編目資料

原地太極拳 12 式／胡啟賢創編
－初版－臺北市，大展，民 89
面；21 公分－（原地太極拳；4）
ISBN 957-468-028-2（平裝）

1. 太極拳

528.972

原地太極拳 12 式 ISBN 957-468-028-2

創 編 者／胡　啟　賢
策　　劃／鄭　小　鋒
責任編輯／秦　　燕
負 責 人／蔡　森　明
出 版 者／大展出版社有限公司
社　　址／台北市北投區（石牌）致遠一路 2 段 12 巷 1 號
電　　話／(02) 28236031・28236033・28233123
傳　　真／(02) 28272069
郵政劃撥／01669551
登 記 證／局版臺業字第 2171 號
E-mail／dah-jaan@ms9.tisnet.net.tw
承 印 者／國順圖書印刷公司
裝　　訂／嶸興裝訂有限公司
排 版 者／千兵企業有限公司
初版1刷／2000 年（民 89 年） 10 月
初版發行／2001 年（民 90 年） 3 月

定　價／200 元

大展好書 好書大展